フェルトでつくる
Oshi-Katsu Goods Make with Felt
推し活GOODS

Eriko Teranishi

フェルトでつくる
Oshi-Katsu Goods Make with Felt
推し活GOODS

CONTENTS

Trading Card Case P.6

トレカケース
01-06
Trading Card Case

CUTE
1. うさ耳ケース
2. Loveケース
3. おうち型ケース

POP
4. PRINCEケース
5. スイーツケース
6. スマイルケース

Feminine
7. パールケース
8. リボン＆王冠ケース
9. チェック＆うさ耳ケース

Motif
10. メロンソーダケース
11. クマケース
12. ネコケース

Boyish
13. ギターケース
14. スターケース
15. クローバーケース

Favorite Color
16 17 18 19 20 21 22 23
イニシャル★ケース

Point Lesson P.18
うさ耳ケースを作りましょう！

Photo Frame P.24

フォトフレーム
01-02
Photo Frame

Stand & Frame
24 写真スタンド
25 26 写真フレーム

Twin Stand
27 フェミニンスタンド
28 ボーイッシュスタンド

Patch Strap P.28

ワッペンストラップ
01-02
Patch Strap

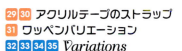

29 30 アクリルテープのストラップ
31 ワッペンバリエーション
32 33 34 35 *Variations*

Key Ring P.32

36 ハウス型キーホルダー
37 ベアキーホルダー
38 車キーホルダー
39 ネコキーホルダー

Trading Card Case Holder P.40

47 リボンフリルのホルダー
48 ハート窓のホルダー

Amulets P.34

40 推しお守り
41 推幸守
42 推勝守

Acrylic Stand Case P.42

49 フリルレースのアクスタケース
50 縦長のアクスタケース

Favorite Plushie Pouch P.36

43 花ポーチ
44 リュック型ポーチ

Coaster Case P.44

51 クマのコースターケース
52 花のコースターケース

Favorite Plushie Case P.38

45 四角いバッグ
46 筒型ショルダー

はじめに　　　　　　　　P.4
さあ、始めましょう！　　P.46
この本で使用した用具　　P.47
この本で使用したフェルトと材料　P.48
掲載作品の作り方　　　　P.50

はじめに

推しのいる生活……
楽しい推し活を手作りで
より楽しい世界に！

かわいい色がたくさんあって
切りっぱなしでも大丈夫。
子どもから大人までに人気な素材！
フェルトで作ります。

フェルトは切って貼るだけ！
リボンやレース……
ビーズやラインストーン。
好きなように装飾するのが楽しい……

推しのイメージで作ってもいいし、
自分の好きな雰囲気で作ってもいいし、
作り方は自由！

パーツも好きなものをつければOK！
推しカラーの本体に
推しの好きなパーツをつけても。

持っているだけで楽しくなる
推し活グッズ……作ってみませんか？

少し慣れてきたら、
手縫いでバッグやポーチを作っても！

世界で１つの「私だけの推し活グッズ」
推しから手作りにつながるのもすてきですね。

小さな推し活グッズに
大きな願いを込めて……

寺西　恵里子

きれいに作るために

せっかくの推し活グッズ、できるだけ、きれいに作りたいものですね。
きれいに作るコツがいくつかあるので、紹介します。

POINT 1
切り方が大事！

フェルトはきれいに切れているだけで
作品の見栄えが違います。
切り方に注意するだけで、
きれいなグッズが作れます。

フェルトは図案を写すのが難しいので、図案をセロハンテープで貼って、そのまま切る切り方です。

POINT 2
貼り方のコツ

フェルト同士を貼り合わせるのは
フェルト用ボンド
（手芸用・木工用でも大丈夫）、
プラスチック系の素材を貼るのは
接着剤を使います。

竹串を使って、端までボンドを塗るのがポイントです。

接着剤を使えば、パーツが落ちる心配がありません。

POINT 3
アイロンが便利！

ボンドで貼り合わせた後、
すぐにアイロンをかけると
きれいに貼り合わせることができます。
作業がしやすくなります。

中温のアイロンで、滑らさないようにかけます。

POINT 4
触りすぎない！

フェルトは作るときに触りすぎると、
毛羽立ってしまうので
なるべく触らないで
作るときれいです。
白いフェルトを使うときは必ず、
手を洗いましょう！

CUTE

推しのカードを入れて……
バッグにつけて持ち歩く……
かわいいケースで。

トレカケース
01
Trading Card Case

うさ耳ケース
キュートなパーツとミニボタンの
うさ耳のケースです。

1 How to Make P.18

Loveケース

文字に思いを込めて……
パールパーツをたくさんつけて。

2 How to Make P.50

おうち型ケース

窓からのぞく推しのケース。
ゴールドのクロスハッチ
刺しゅうで！

3 How to Make P.50

元気な推しにぴったりのケース。
配色もパーツも華やかに！

PRINCEケース

推しは私の王子様！
ハートも大きく、かわいいケース。

4 How to Make P.51

スマイルケース

スマイルを刺しゅうするだけで
かわいい元気なケースに。

6 How to Make　P.52

5 How to Make　P.51

スイーツケース

クリーム・スイーツ……
好きなものをパーツに楽しく！

Feminine

リボンやビーズで優しい雰囲気に。
ファッションに合わせても……

パールケース

リボンを貼って、パーツをのせる。
持ち手のパールでよりフェミニンに……

How to Make P.53

8 How to Make P.53

リボン&王冠ケース

フリルレースに大きなリボンが2つ。
星のフェルトだけでも、ビーズをのせてもかわいい！

チェック&うさ耳ケース

チェックのリボンの周りはレース！
推しを豪華に飾れるケースです。

9 How to Make P.53

Motif

かわいい形がポイントのトレカケース。
好きな形に好きな推しを入れて……

メロンソーダケース

クリームソーダの中に推しを！
かわいい泡はビーズです。

How to Make　P.54

ネコケース

キラキラパーツをたくさん使った
かわいいネコ耳がポイントのケースです。

12 How to Make　P.55

クマケース

クマの手にはアイス！
チェックのリボンでよりキュートに！

11 How to Make　P.54

Boyish

推しのイメージで作ってもいいですね。
かっこ良く！カードのイメージで！

Trading Card Case 05

ギターケース 曲が聞こえてきそうなケース。
推しのイメージのギターで作っても！

13 How to Make P.56

スターケース

大きな星とイニシャルがポイント！
推しと自分のイニシャルで。

14 How to Make P.56

クローバーケース

推しの幸運を祈って作る四葉のクローバー。
ステッチでワイルドな仕上がりに。

15 How to Make P.57

Favorite Color

推しカラーで作りましょう！
イニシャルや星、いろいろなパーツを貼っても……

Trading Card Case

16 How to Make P.58

18 How to Make P.58

17 How to Make P.58

19 How to Make P.58

イニシャル★ケース

色がポイントのケースは白い内窓で爽やかに！
イニシャルも外側の色を変えるだけで違う印象に。

20 How to Make　P.58

21 How to Make　P.58

22 How to Make　P.58

23 How to Make　P.58

Point Lesson

1 PHOTO P.6 うさ耳ケースを作りましょう!

材料

フェルト	白18cm×13cm、薄黄14cm×11cm
	ピンク・赤・薄水色・薄緑
25番刺しゅう糸	ゴールド・白・黄・薄緑・グレー・ピンク
サテンリボン	0.3cm幅・薄黄：12cm
ボタン	直径0.6cm：7個
ナスカン	内径1cm Dカン付き：1個

サイズ

横8.7cm×縦12.2cm
(横7.5cm×縦11cmのカードケース収納用)

製図

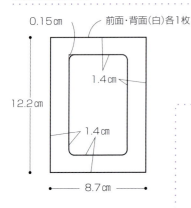

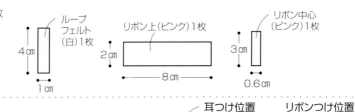

実物大の図案

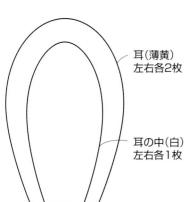

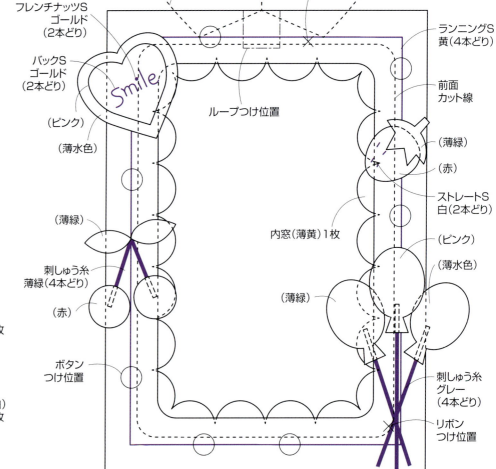

1 土台のパーツを切ります

❶ （前面）（背面）
製図または図案(P.18)を使って、前面・背面の型紙を作ります。

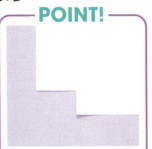

POINT!
フェルトは印がつきにくいので、直接描くよりも型紙を作る方がおすすめ。製図には方眼紙が便利です。

[型紙どおりにフェルトを切る ❷▶❹]

❷ （背面）
背面の型紙をセロハンテープでフェルトに貼ります。

❸ セロハンテープごと、はさみで切ります。

❹ 背面が切れました。

❺ （前面）
同様に、前面の型紙をフェルトに貼り、切ります。

❻ 前面が切れました。

❼ 図案を写すかコピーして内窓の型紙を作り、フェルトに貼ります。

❽ 切ります。

❾ 耳の型紙を作り、切ります。

❿ 1枚切れたら、もう一度フェルトに貼ります。

POINT!
同じ形を何枚も切るときは、使った型紙をもう一回貼って使えばOKです！

⓫ 4枚切ります。

⓬ 同様に、耳の中を2枚切ります。

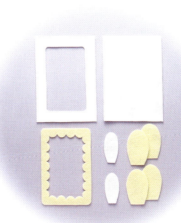

土台のパーツが全て切れました！

2 土台のパーツを組み立てます

❶
前面の刺しゅう位置に印をつけます。

POINT!
印は水や熱で消せるペンを使いましょう。
※用具についてはP.47参照

❷
大きめのランニングステッチで刺します。(黄4本どり)

❸
1周刺します。

[トレカケースに内窓をつける ❹▶❺]

❹
前面を裏にして、内側に沿ってボンドをつけます。

POINT!
ボンドは竹串などで均等に伸ばしましょう。

❺
内窓を貼ります。

POINT!
ボンドで貼ったところにアイロンをかけると、早くしっかり接着できます。

❻
耳にボンドをつけ、もう1枚を貼ります。

❼
耳の中にボンドをつけ、貼ります。

❽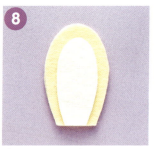
貼れたところです。

❾
乾く前に指でカーブをつけ、乾かします。

❿
2枚作ります。

⓫
前面の裏側にボンドで貼ります。

[トレカケースの土台を作る ⓬▶⓭]

⓬
背面の左右と底にボンドをつけます。

POINT!
ボンドのつけ幅が広いと中にカードケースが入らなくなります。0.5cm幅くらいになるようにしましょう。

3 デコパーツを作ります ［フェルトに印をつける ①▶④］

⑬ 前面を貼ります。

① ハート
図案(P.18)を写すかコピーし、型紙を作ります。

② 段ボールなどの上で、型紙の刺しゅうの線に目打ちで穴をあけます。

③ フェルトにセロハンテープで貼り、穴の部分に印つけペンで点で印をつけます。

④ 型紙をめくり、点をつないで線にします。

⑤ 型紙を戻して貼り、切ります。

⑥ 切れたところです。

⑦ 印に合わせてバックステッチします。(ゴールド2本どり)

⑧ ハートの後ろ側を切ります。

⑨ ⑧に⑦をボンドで貼ります。

① いちご
図案(P.18)で型紙を作り、フェルトに刺しゅうの印をつけます。

② フェルトを切ります。

③ ストレートステッチします。(白2本どり)

[フェルトを補強する ④▶⑤]

④ (裏) フェルトの裏に、パーツより大きめにボンドを塗ります。

⑤ (表) 乾いたら、フェルトの厚みを潰すように、表からアイロンを力を入れてかけます。

POINT!
フェルトをほつれにくくする方法です。細かいパーツや、土台からはみ出すようにつけるパーツはこのように補強しておきましょう。

❻ へたを1枚切ります。

❼ へたと実をボンドで貼り合わせます。

❶ さくらんぼ
葉を2枚、実を2枚切ります。

❷ 刺しゅう糸に、ボンドを指で伸ばすようにつけます。（薄緑4本どり）

❸ ❷が乾いたら、茎を2本切ります。

❶ 風船
風船を3色各1枚切ります。

❷ 刺しゅう糸にボンドをつけて乾かし、3本切ります。（グレー4本どり）

❸ リボン（12cm）を結びます。

❶ リボン
リボン上、リボン中心、リボン下を各1枚切ります。

❷（裏側）リボン上を輪にし、端をたてまつりで縫い合わせます。（ピンク1本どり）

❸ ❷の中心を、表側から裏、表、裏、表と縫います。

❹ 糸を引いてしぼり、さらに2〜3回糸を巻きます。

❺ 1針縫って玉どめします。

❻（裏側）リボン中心を巻き、裏側で端を縫いとめます。

❼（裏側）リボン下をボンドで貼ります。

❽ 表側です。

デコパーツが全てできました！

4 デコパーツと金具をつけます

1

全てのパーツを土台にのせます。

POINT!
いきなり貼らずに、まずは置いて位置や角度を確認しましょう！

[フェルトの貼り方 ②▶③]

2

フェルトのパーツの裏側にボンドをつけます。

3

土台に貼ります。他のフェルト・刺しゅう糸・リボンパーツも貼ります。

[パーツの貼り方 ④▶⑤]

4

ボタンつけ位置に接着剤をつけます。

5

ボタンを貼ります。

POINT!
フェルト・刺しゅう糸・リボンはボンド。プラスチックパーツやラインストーン、ボンドでつきにくいリボンなどは接着剤を使います。

[ループの作り方 ⑥▶⑨]

6

ループのフェルトを切ります。

7

金具に通して2つ折りし、根元をボンドで貼ります。

8

前面の裏側に貼ります。

9

貼れたところです。

できました！

（裏側）

（硬質カードケース）
硬質カードケースなどにトレカを入れてから、中に入れて使いましょう！

Photo Frame

Stand & Frame

トレカケースをそのまま写真スタンドに！
そのまま飾って写真フレームにしても……

写真スタンド

厚紙にフェルトを
貼って作ったスタンド。
おうちに帰ってきたら、
ケースはここに立てましょう！

How to Make　P.60

写真フレーム

トレカケースの金具やタブを
壁につけたプッシュピンに下げて！

25 26 How to Make P.51

Twin Stand

トレカケース2枚をフェルトでつないで
開いて立てればツインスタンドに！

27 How to Make P.59

フェミニンスタンド

もう1枚はハートのマスコットがポイント。
リボンとハートでかわいく！

ボーイッシュスタンド

クローバーにハートの窓枠のセット。
パーツはハートと星で左右対称に！

28 How to Make　P.59

Patch Strap

人気のワッペンを自由に貼りつけたストラップです。
テープの色は推しカラーでもいいですね。

アクリルテープのストラップ 並べてるのが楽しいワッペンストラップ。たくさんつけても！

29 30 How to Make P.60

Patch Variations

かわいいワッペンパーツ、好きに色を変えても！

31 How to Make P.60

Variations

テープの色が違うだけで
雰囲気が違ってきます。

32　33

32 33 How to Make　P.60

推しのイメージに合わせた
パーツを貼ってもいいですね！

34　35　How to Make　P.60

Key Ring

キーホルダー 01

推しの写真やカードが入るキーホルダー
小さいので形がポイントです。

ベアキーホルダー
リボンをつけたかわいいベア。
好きなパーツをつけて……

ハウス型キーホルダー
窓から顔が見えるのがいいですね。
LOVEの文字をつけて！

36 How to Make　P.62　37 How to Make　P.62

車キーホルダー

フロントガラスから顔が……
車は推しカラーでも。

38 How to Make P.63

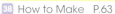

ネコキーホルダー

おしゃれリボンにハート。
ネコモチーフ以外もかわいく！

39 How to Make P.63

お守り 01
Amulets

推しのためのお守りを作ってみませんか。
推しの活躍や幸せを願って、作りましょう。

推しお守り

白にグレーのひもでカッコよく！
フェルト＆ビーズでシンプルに。

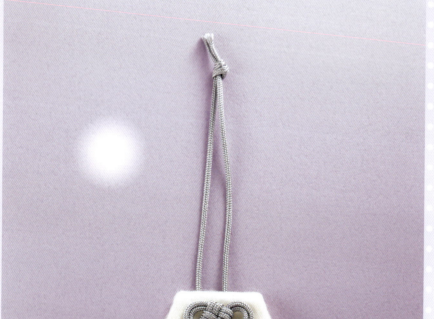

40 How to Make P.64

34

推勝守

スポーツ選手なら、勝ち守り！
バスケットボールは、他のボールや用具でも。

42 How to Make　P.64

推幸守

かわいい花のお守りです。
結び紐もしっかり結んで作りましょう。

41 How to Make　P.64

Favorite Plushie Pouch

推しぬいを持ち歩くときに入れるポーチ。
透明な窓から顔を出してくれます。

花ポーチ

楕円型がかわいいポーチです。
バッグにつけたり、
バッグに入れたり……

43 How to Make P.65

リュック型ポーチ

大きな窓のそばには、ハートや星のパーツ、推しや自分のイニシャルをつけて！

44 How to Make　P.66

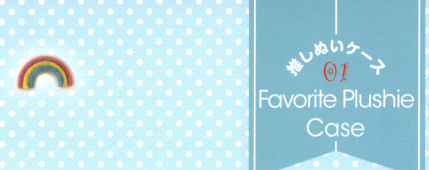

推しぬいケース 01
Favorite Plushie Case

推しぬいを持ち歩く小さなバッグやショルダー。
推しカラーで作るのがいいですね！

四角いバッグ

ギターのパーツがついたバッグです。
フェルトにギンガムチェックの布を貼って！

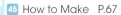 How to Make　P.67

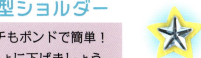

筒型ショルダー

ファスナーつきポーチもボンドで簡単！
名前のパーツもいっしょに下げましょう。

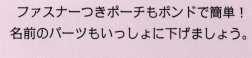

46 How to Make P.68

Trading Card Case Holder 01

たくさんのトレカケースが入るケースです。
気分でカードを変えて持ち歩きましょう。

リボンフリルのホルダー

マチは1cmあるので、カードがたくさん入ります。
フラップはスナップボタンでとめます。

47

47 How to Make P.69

ハート窓のホルダー
裏側にハートの大きな窓をつけました。
リボンのトリムでよりかわいく！

Acrylic Stand Case
01

大好きな推しのアクスタケース。
フェルトで保護できるのもいいですね。

**フリルレースの
アクスタケース**　小さなアクリルスタンド用のケースです。
フリルレースで華やかに！

49

49 How to Make P.71

縦長のアクスタケース

ハートや花のパーツがたくさんついたケース。
アクリルスタンドの大きさに合わせても！

50 How to Make P.72

Coaster Case

集めたコースターも持ち歩けます。
数枚入るので、表にお気に入りを！

クマのコースターケース
コースターの形に耳がついたクマのケース。
耳の中はラインストーンシールでかわいく！

51 How to Make P.73

花のコースターケース
優しい色がポイントのケース。
花を散らしてキュートな感じに！

52 How to Make P.73

さあ、始めましょう！

カラフルなフェルトや材料は
見ているだけで楽しくなりますね。
材料がそろったら、作りましょう。

推しを思って作る……
それだけで、できあがりがよりすてきに！
さぁ、楽しんで作りましょう！

この本で使用した用具

＊印のついた用具は全てクロバー株式会社の商品です。

A カットワークはさみ＊ **B** 紙切りばさみ
フェルトはカットが大事！よく切れるはさみを使いましょう。フェルトと紙を切るはさみは別に用意しましょう。

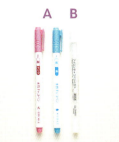

A 水性チャコペン＊
B アイロンチャコペン＊
印つけには後で消せるペンを使います。見やすいよう、何色か用意するといいでしょう。

C 熱で消せるペン

A 刺しゅう針＊ **B** 手縫い針＊
針の長さや太さがいろいろセットになったタイプが便利。刺しゅう針は糸の本数に合わせます。

セロハンテープ
型紙をフェルトに貼るのに使います。型紙を貼り、セロハンテープごと切ると型紙どおりに切れます。

ボンド＊
粘度の高い「フェルト用」がおすすめです。
フェルト用・手芸用・木工用のボンドをこの本では「ボンド」としています。

接着剤＊
この本の作品には「貼り仕事」を使っています。
デコパーツやビニール窓など、プラスチック素材が接着できるものをこの本では「接着剤」としています。

ほつれストップ液＊
アクリルテープをワッペンストラップにする際のほつれ止めに。

熱接着両面シート＊
ポーチやバッグを作るとき、フェルト同士や、フェルトと布を2重に貼り合わせるのに使います。

あると便利！

アイロン・アイロン台
フェルトの補強や接着両面シートの接着に使います。

目打ち＊・ダンボール
フェルトに図案の印をつけるとき、印つけペンの前の工程で使います。

ラジオペンチ
丸カンの開け閉めに使います。

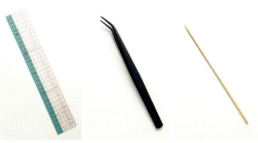

方眼定規＊　ピンセット＊　竹串
定規は透明な方眼定規が、製図にも印つけにも便利。ピンセットは、細かいパーツの接着に。竹串は、ボンドを伸ばすのに便利です。

この本で使用したフェルトと材料

フェルト

※フェルトの( )内は「ミニーフェルト」の色番号です。

フェルトは色が豊富で、推し活にはぴったりの素材です。
20cm角が一般的ですが、大きなサイズもあります。
品質：ウール60％、レーヨン40％。

ピンク (103)	コーラルピンク (123)	明るいピンク (128)	濃いピンク (126)	紅色 (116)	濃い赤 (113)	赤 (114)
ベビーピンク (110)	薄ピンク (623)					
濃いオレンジ (139)	オレンジ (370)	山吹 (383)	黄 (332)	クリーム (331)	レモン (313)	薄黄 (304)
黄緑 (453)	濃い黄緑 (443)	緑 (440)	薄緑 (405)	エメラルドグリーン (574)	青緑 (582)	薄水色 (434)
水色 (554)	空色 (583)	薄青 (544)	薄ブルー (552)	ブルー (553)	濃いブルー (546)	青 (557)
濃い青 (538)	紺 (559)	濃紺 (558)	紫 (663)	薄紫 (680)	ベージュ (213)	濃いベージュ (235)
薄茶 (219)	こげ茶 (229)	白 (703)	杢グレー (MB)	グレー (771)	濃いグレー (770)	黒 (790)

糸

25番刺しゅう糸
刺しゅうに使うほか、手縫い糸としても使えます。色が豊富で、ゴールドやシルバーもあります。

縫い糸
縫い糸は、手縫い糸でもミシン糸でもOK。フェルトと色を合わせましょう。

金具

Dカン
ループやアクリルテープを通して使う基本の金具。様々な大きさがあります。

A丸カン　B2重丸カン
パーツとパーツをつなぐ金具。ペンチで開け閉めする丸カン、コイル状になっている2重丸カンがあります。

ナスカン
フック状の金具の下に、回転カンでDカンや丸カンがつながっている金具です。

Aボールチェーン
Bカラビナ
Cワイヤーリング
ループやループにつけたDカン・丸カンに通して使います。

Aキーホルダー金具
Bバッグチャーム金具
Cストラップ金具
あらかじめ金具やチェーンなどを組み合わせてあるパーツです。

ビニール

ソフトカードケース
カットして、バッグやポーチの窓部分に使用します。

デコパーツ

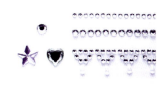

ラインストーンシール
1個1個のタイプのほか、テープ状につながったタイプもあります。

デコパール、パール、ビーズ、ボタンなど
平面のものは貼りつけ、球状のものは縫いつけます。

リボン・テープ

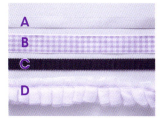

Aサテンリボン
Bチェック柄リボン
Cグログランリボン
Dプリーツリボン
色・幅ともに豊富にあります。

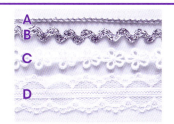

Aブレードテープ
B山道テープ
C・Dレース
レースはパーツごとに切って使えるタイプもあります。

結びリボン
あらかじめリボンの形の状態に形作って販売されているリボンです。

A杉綾テープ
Bアクリルテープ
Aはポーチなどの持ち手、Bはワッペンストラップに。

その他の材料

布
フェルトの補強に。薄手の木綿地を使っています。

ファスナー
フラットニットタイプは切って使うこともできます。

面ファスナー
フック面とループ面で1組。必要な大きさに切って使います。

スナップボタン
縫いつけるタイプを使用しています。

お守りひも
お守り用の細い丸ひも。自分で結ぶほか、結んであるタイプもあります。

49

掲載作品の作り方

2 PHOTO P.7 Loveケース

材料
フェルト	ベビーピンク18cm×13cm
	白10cm×7cm、紅色、薄紫、薄青
サテンリボン	1cm幅・白：4cm
半円パール	直径0.4cm：9個
デコパール	フラワー型：3個
結びリボン	薄紫：1個
ナスカン	内径1cm丸カン付き：1個

サイズ
横8.9cm×縦12.4cm
（横7.5cm×縦11cmのカードケース収納用）
※ケースの作り方はP.19-21と共通です。

製図

3 PHOTO P.7 おうち型ケース

材料
フェルト	白18cm×10cm、薄ブルー15cm×5cm、
	薄茶・黄・薄黄・エメラルドグリーン・
	コーラルピンク・ベビーピンク・杢グレー
25番刺しゅう糸	青・ゴールド・緑・グレー
ワイヤーリング	1個

サイズ
横8.3cm×縦13.6cm
（横6.9cm×縦9.4cmのカードケース収納用）
※ケースの作り方はP.19-21と共通です。

製図

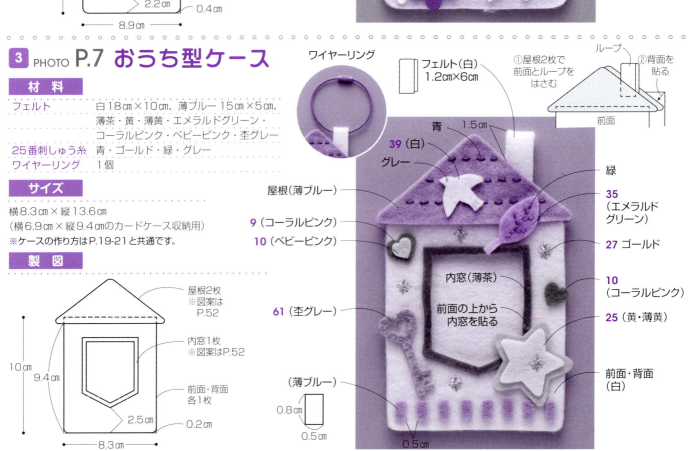

4 26 PHOTO P.8,25 PRINCEケース

材料

フェルト	白17cm×12cm、薄青・薄水色・黄・黒・青・赤・空色・レモン
25番刺しゅう糸	青・ゴールド
サテンリボン	1cm幅・白：4cm
半円パール	直径0.4cm：2個
ラインストーンシール	14個
カラビナ	1個

サイズ

横8.3cm×縦11.5cm
（横6.9cm×縦9.4cmのカードケース収納用）
※ケースの作り方はP.19-21と共通です。

製図

5 25 PHOTO P.9,25 スイーツケース

材料

フェルト	ピンク・ベビーピンク各13cm×9cm、白・紅色・薄青・オレンジ・レモン・エメラルドグリーン・薄緑・クリーム・明るいピンク・濃い黄緑・空色
25番刺しゅう糸	白・こげ茶
サテンリボン	0.3cm幅・白：37cm
チェック柄リボン	1.5cm幅・ピンク：4cm
半円パール	直径0.4cm：3個
ラインストーンシール	2個
Dカン	内径1cm：1個

サイズ

横8.8cm×縦12.4cm
（横7.5cm×縦11cmのカードケース収納用）
※ケースの作り方はP.19-21と共通です。

製図

※紫の番号はデコパーツの図案（P.75〜79）番号です。

6 PHOTO P.9 スマイルケース

材料

フェルト	薄黄18cm×13cm、オレンジ・明るいピンク・ベビーピンク・エメラルドグリーン・薄紫・薄水色・白・レモン・杢グレー・赤
25番刺しゅう糸	白・こげ茶
グログランリボン	1cm幅・薄黄：4cm
カラビナ	1個

サイズ

横8.9cm×縦12.4cm
(横7.5cm×縦11cmのカードケース収納用)
※ケースの作り方はP.19-21と共通です。

製図

実物大の図案

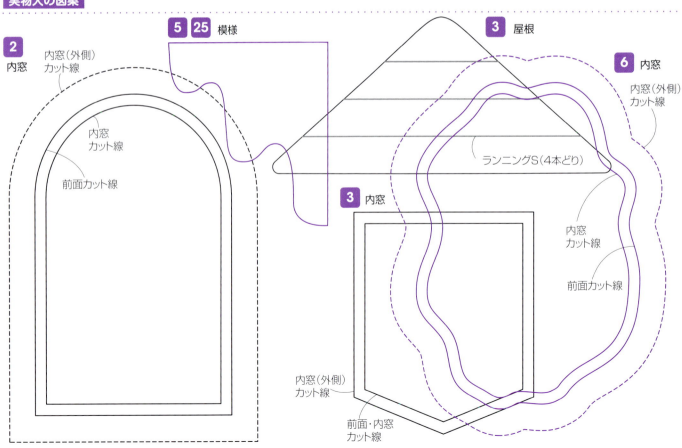

7 PHOTO P.10 パールケース

材料
フェルト	白18㎝×13㎝、ベビーピンク
サテンリボン	0.3㎝幅・ピンク：45㎝
レース	花柄：2柄分
半円パール	2個
デコパール	ハート型：1個
ラインストーンシール	8個
ラインストーンテープ	9㎝
パールビーズ	直径0.6㎝：25個
引き輪	6㎜：1個

サイズ
横8.9㎝×縦12.4㎝
（飾り除く。横7.5㎝×縦11㎝のカードケース収納用）
※ケースの作り方はP.19-21と共通です。

①端を1針縫い 糸をつける
②パールビーズを通す
③引き輪に結びつける
ラインストーンテープ
デコパール
73（ベビーピンク）
34（ベビーピンク・白）
花柄レースをカットする
半円パール
引き輪
サテンリボン2㎝
ラインストーンシール
8（ベビーピンク）
前面・背面（白）
※製図はP.59
27と共通
サテンリボン

8 PHOTO P.11 リボン＆王冠ケース

材料
フェルト	白17㎝×11㎝、黄・薄黄		
プリーツリボン	2種類・各10㎝		
サテンリボン	0.3㎝幅・白：25㎝、1㎝幅・白：4㎝		
結びリボン	薄黄：2個		
ラインストーンシール	四角：1個		
ラインストーンテープ	4㎝	デコパール	星型：3個
半円パール	19個	ボールチェーン	1本

サイズ
横8.3㎝×縦10.8㎝
（飾り除く。横6.9㎝×縦9.4㎝のカードケース収納用）
※ケースの作り方はP.19-21と共通です。

サテンリボン（1㎝幅）4㎝
ボールチェーン（裏側）
ラインストーンテープ
ラインストーンシール
プリーツリボン 2種類をずらして貼る
結びリボン
サテンリボン（0.3㎝幅）
半円パール
24（薄黄）
59（黄）
前面・背面（白）
※製図はP.60

9 PHOTO P.11 チェック＆うさ耳ケース

材料
フェルト	白20㎝×20㎝、薄水色		
レース	3㎝幅：55㎝、2㎝幅：34㎝		
プリーツリボン	1.5㎝幅・水色：40㎝		
結びリボン	水色：2個	デコパール	フラワー型：2個
サテンリボン	1㎝幅・白：4㎝	Dカン	内径1㎝：1個

サイズ
横8.3㎝×縦10.8㎝（飾りを除く。横6.9㎝×縦9.4㎝のカードケース収納用）
※ケースの作り方はP.19-21と共通です。

P.18 1の耳と共通（白・薄水色）
Dカン
（裏側）
サテンリボン4㎝
レース（3㎝幅）
プリーツリボン
レース（2㎝幅）
ボンドで貼る
内窓（白）
※図案はP.55
土台（白）
※製図はP.60
デコパール
結びリボン

※紫の番号はデコパーツの図案（P.75～79）番号です。

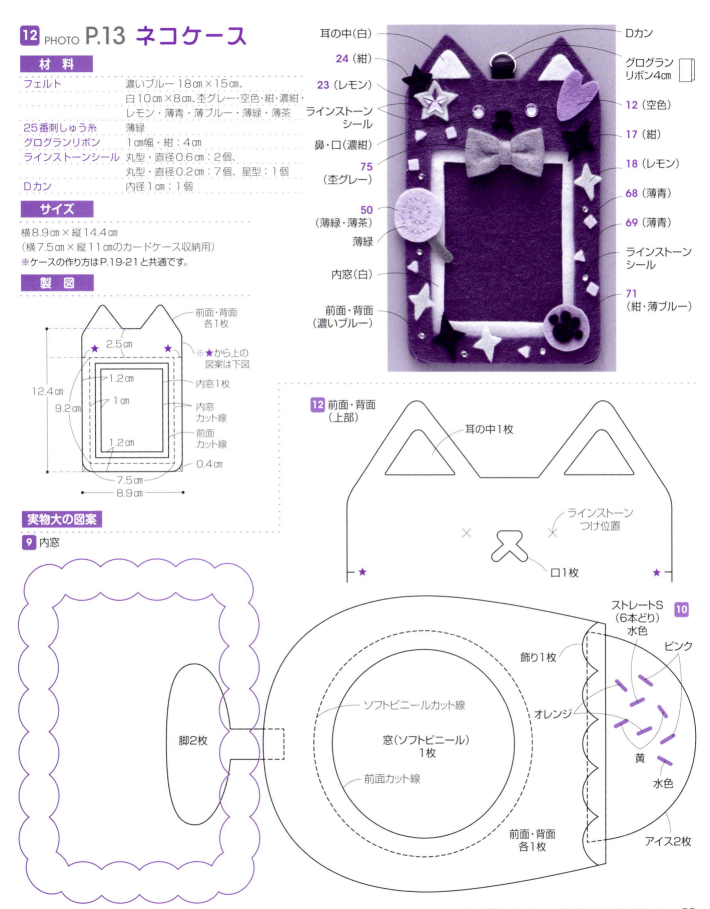

13 PHOTO P.14 ギターケース

材料

フェルト	杢グレー 18cm×13cm、レモン・赤・水色・薄青・黒・白・グレー
25番刺しゅう糸	白
山道テープ	9cm　サテンリボン 1cm幅・グレー：4cm
ラインストーンシール	2個
Dカン	内径1cm：1個　丸カン 直径1.4cm：1個
キーホルダー金具	1個

サイズ

横8.8cm×縦12.4cm
（横7.5cm×縦11cmのカードケース収納用）
※ケースの作り方はP.19-21と共通です。

製図

14 PHOTO P.15 スターケース

材料

フェルト	薄ブルー・薄水色各11cm×9cm、濃い青・濃いブルー・黒・黄・レモン・白・赤
25番刺しゅう糸	黒　グログランリボン 1cm幅・紺：4cm
サテンリボン	1cm幅・白：4cm
ラインストーンテープ	0.4cm幅：5cm、0.2cm幅：7cm
ナスカン	内径1cmDカン付き：1個
ボールチェーン	1本　丸カン 直径0.6cm：1個

サイズ

横8.3cm×縦10.8cm
（横6.9cm×縦9.4cmのカードケース収納用）
※ケースの作り方はP.19-21と共通です。

製図

実物大の図案

POINT!
文字は自由にデザインして、まわりに縁をつけて作ってもOK！

15 PHOTO P.15 クローバーケース

材料

フェルト	黄緑・薄緑各11cm×9cm、白・濃いブルー・水色・黄・薄青・紺
25番刺しゅう糸	紺・薄緑・白
ブレードテープ	3cm
グログランリボン	1cm幅・黒：4cm
ラインストーンシール	直径0.6cm：1個、0.4cm：2個
バッグチャーム金具	1個　Dカン 内径1cm：1個

サイズ

横8.3cm×縦10.8cm
（横6.9cm×縦9.4cmのカードケース収納用）
※ケースの作り方はP.19-21と共通です。

製図

実物大の図案

※紫の番号はデコパーツの図案（P.75〜79）番号です。

16 ▶ 23 PHOTO P.16-17 イニシャル★ケース

材料

16	フェルト	濃いピンク17㎝×11㎝、白9㎝×7㎝、オレンジ・杢グレー・薄水色・青
17	フェルト	薄ブルー17㎝×11㎝、白9㎝×7㎝、赤・レモン・薄茶
18	フェルト	山吹17㎝×11㎝、白9㎝×7㎝、青・ピンク・紅色
19	フェルト	濃い黄緑17㎝×11㎝、白9㎝×7㎝、レモン・杢グレー・オレンジ・緑
20	フェルト	水色17㎝×11㎝、白9㎝×7㎝、黄・杢グレー・黄緑・濃いブルー
21	フェルト	濃紺17㎝×11㎝、白9㎝×7㎝、黄緑・薄紫・黄
22	フェルト	紫17㎝×11㎝、白9㎝×7㎝、濃いピンク・オレンジ・濃い赤
23	フェルト	濃い赤17㎝×11㎝、白9㎝×7㎝、ピンク・杢グレー・薄水色・緑
共通	グログランリボン	1㎝幅・茶：4㎝
共通	ラインストーンテープ	適宜
共通	Dカン	内径1㎝：1個
共通	ワイヤーリング	1個

サイズ

横8.3㎝×縦10.8㎝
（横6.9㎝×縦9.4㎝のカードケース収納用）
※ケースの作り方はP.19-21と共通です。

製図

POINT! ラインストーンテープはお好みで文字の好きな位置につけましょう！
※[内窓（白）]は共通

27 PHOTO P.26 フェミニンスタンド

材料

フェルト	白20cm×13cm2枚、ベビーピンク
サテンリボン	0.3cm幅・ピンク：90cm
レース	花柄：4柄分
半円パール	直径0.4cm：4個
デコパール	ハート型：2個
ラインストーンシール	16個
ラインストーンテープ	18cm
手芸わた	適量

サイズ

横18.2cm×縦12.4cm
（横7.5cm×縦11cmのカードケース収納用）
※左側のフレームの作り方はP.53 7と共通です。

製図

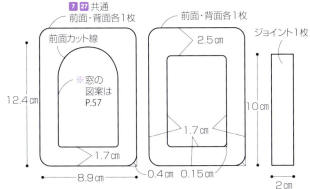

実物大の図案

少量の手芸わたを入れまわりをボンドで貼り合わせる

ハート2枚（ベビーピンク）

ジョイントのつけ方 27 28

写真ラベル：前面・背面(白)、※型紙は下図、デコパール、ラインストーンテープ、ラインストーン、8（ベビーピンク）、34（ベビーピンク・白）、花柄レース ※カットして使用、半円パール、ジョイント（白）、サテンリボン

28 PHOTO P.27 ボーイッシュスタンド

材料 ※左側のフレームとジョイントの材料です。

フェルト	薄水色・薄青各11cm×9cm、薄緑9cm×3cm、濃いブルー・黄緑・白・濃い青・薄ブルー
25番刺しゅう糸	紺・白
ブレードテープ	6cm
ラインストーンシール	1個

サイズ

横17cm×縦10.8cm
（横6.9cm×縦9.4cmのカードケース収納用）
※右側のフレームの材料・作り方はP.57 15と共通です。

製図

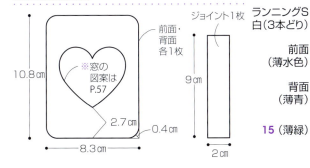

写真ラベル：26（濃いブルー・黄緑・白）、24（濃い青）、ジョイント（薄緑）、白、ランニングS 紺(4本どり)、ランニングS 白(3本どり)、前面（薄水色）、背面（薄青）、15（薄緑）、75（薄ブルー）、ラインストーンシール、ブレードテープ

※紫の番号はデコパーツの図案(P.75～79)番号です。

24 PHOTO P.24 写真スタンド

材料
フェルト　白20cm×9cm
厚紙　19cm×4cm

サイズ
幅4cm×高さ6.5cm

製図

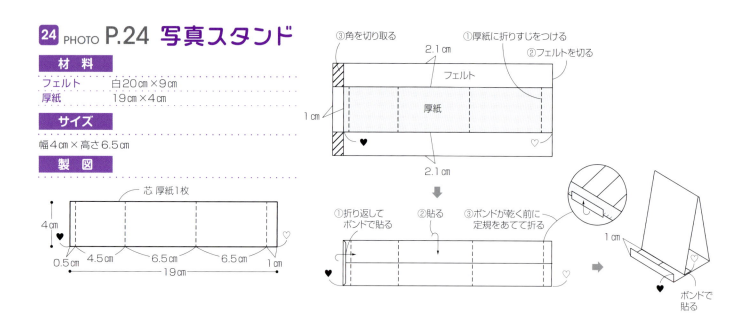

29 30 32▶35 PHOTO P.28,30-31 アクリルテープのストラップ
31 PHOTO P.29 ワッペンバリエーション

材料
29 30 32▶35 共通
アクリルテープ　2.5cm幅：36cm
Dカン　内径2.5cm：1個
31
フェルト　実物大の図案(P.61)参照

サイズ
幅2.5cm×18cm(テープ部分のみ)

8 9 製図

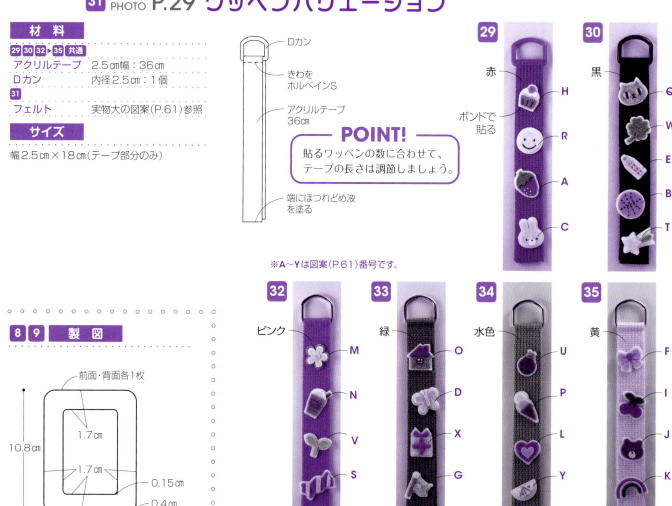

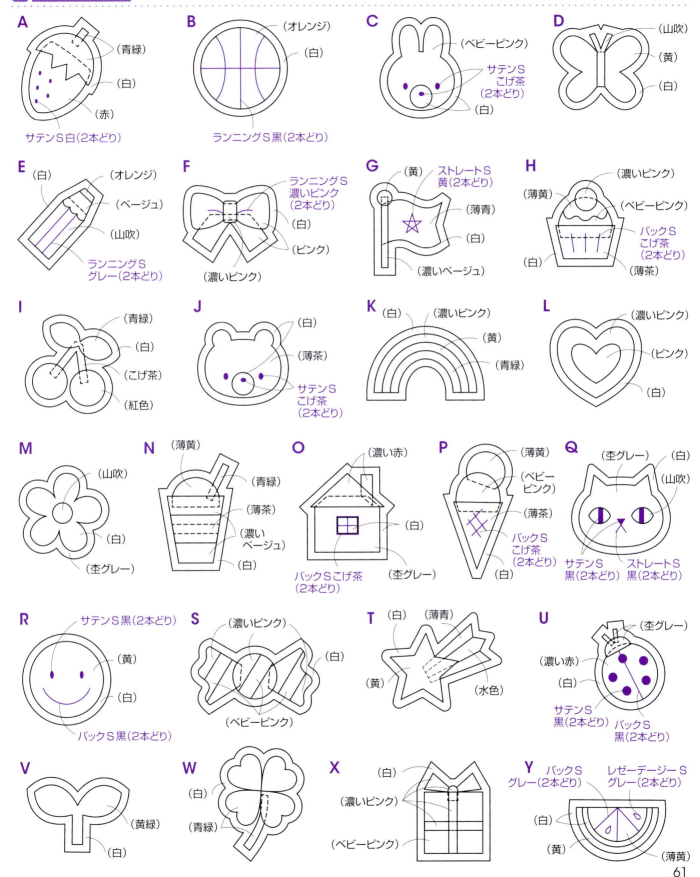

36 PHOTO P.32 ハウス型キーホルダー

材料

フェルト	白10cm×6cm、杢グレー・赤・ベビーピンク・黒・レモン
ソフトビニール	4cm×4cm
25番刺しゅう糸	黒
サテンリボン	0.3cm幅・白：2cm
丸カン	直径0.8cm：1個
ラインストーンシール	星型：1個
チェック柄リボン	1.5cm幅・ピンク：21cm
Dカン	内径1cm：1個
ワイヤーリング	1個

サイズ

横5cm×縦6.7cm(ハウス本体のみ)

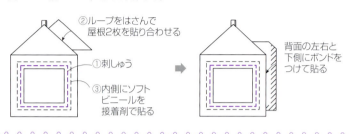

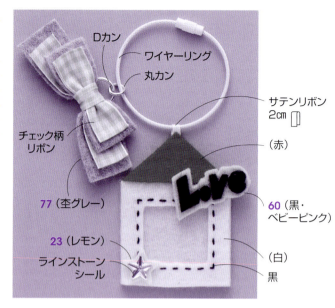

37 PHOTO P.32 ベアキーホルダー

材料

フェルト	薄茶13cm×6cm、白・ベビーピンク・ベージュ
ソフトビニール	5cm×5cm
サテンリボン	0.3cm幅・薄茶：2cm
丸カン	直径0.8cm：1個
25番刺しゅう糸	ピンク・こげ茶
結びリボン	紺：1個
キーホルダー金具	1個

サイズ

横6.4cm×縦6.2cm(ベア本体のみ)

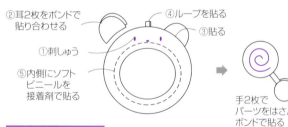

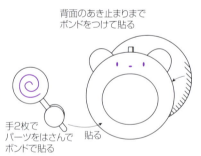

実物大の図案

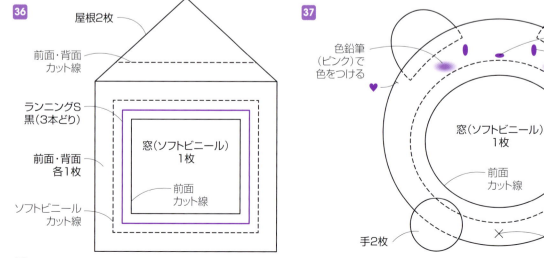

38 PHOTO P.33 車キーホルダー

材料

フェルト	濃いブルー 13cm×6cm、ブルー 7×3cm、杢グレー・紺・白・薄黄
ソフトビニール	5cm×3cm
	サテンリボン 0.3cm幅・グレー：2cm
ラインストーンシール	星型：1個、丸型 直径0.6cm：4個、丸型 直径0.2cm：6個
丸カン	直径0.6cm：2個 ナスカン 内径1cm丸カン付き：1個

サイズ

横6.5cm×縦5.9cm（車本体のみ）

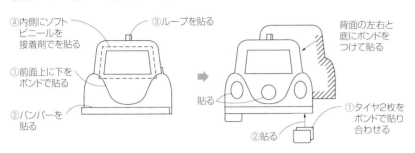
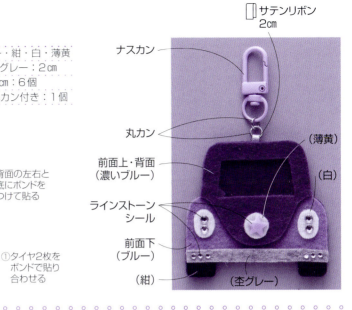

39 PHOTO P.33 ネコキーホルダー

材料

フェルト	杢グレー 15cm×7cm、白・紅色・ベージュ・薄紫
ソフトビニール	6cm×4cm
25番刺しゅう糸	黒 サテンリボン 0.3cm幅・白：2cm
結びリボン	白：1個 キーホルダー金具 1個

サイズ

横7.3cm×縦6.4cm（ネコ本体のみ）

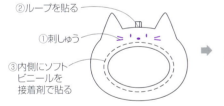

実物大の図案

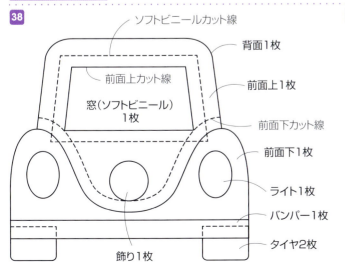
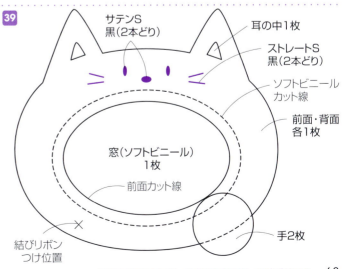

※紫の番号はデコパーツの図案（P.75〜79）番号です。

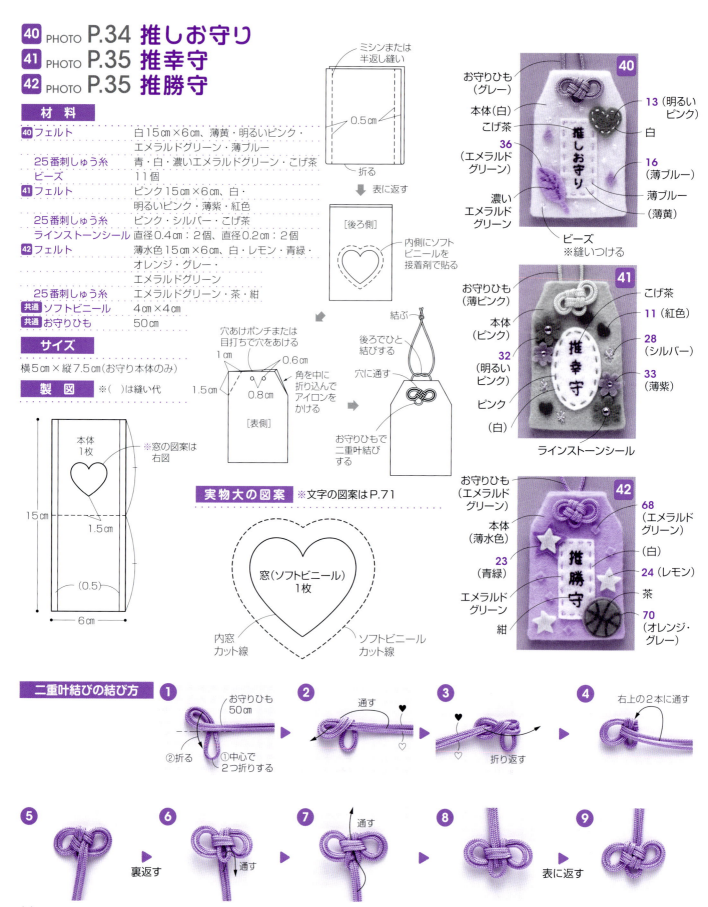

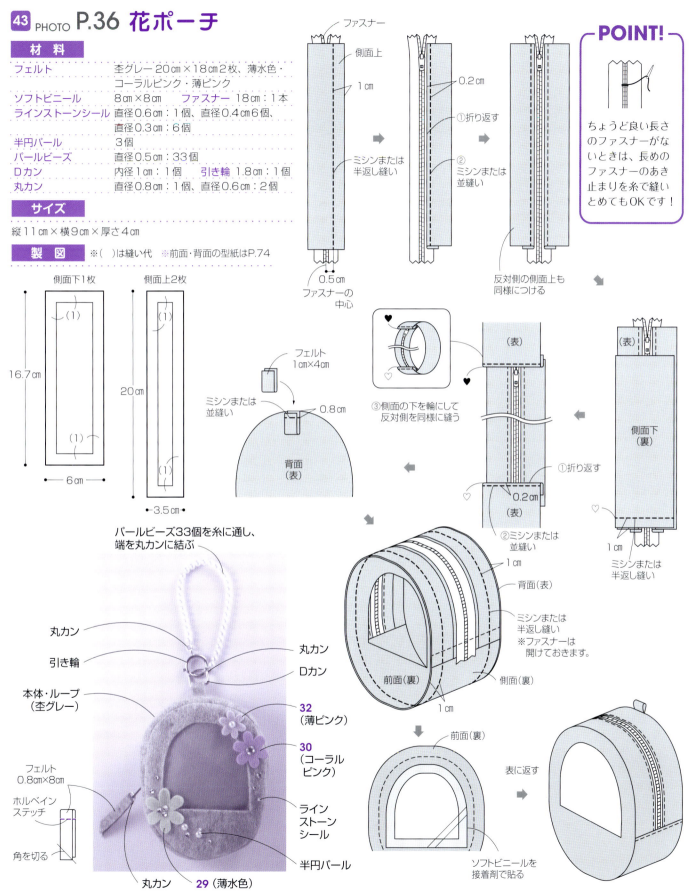

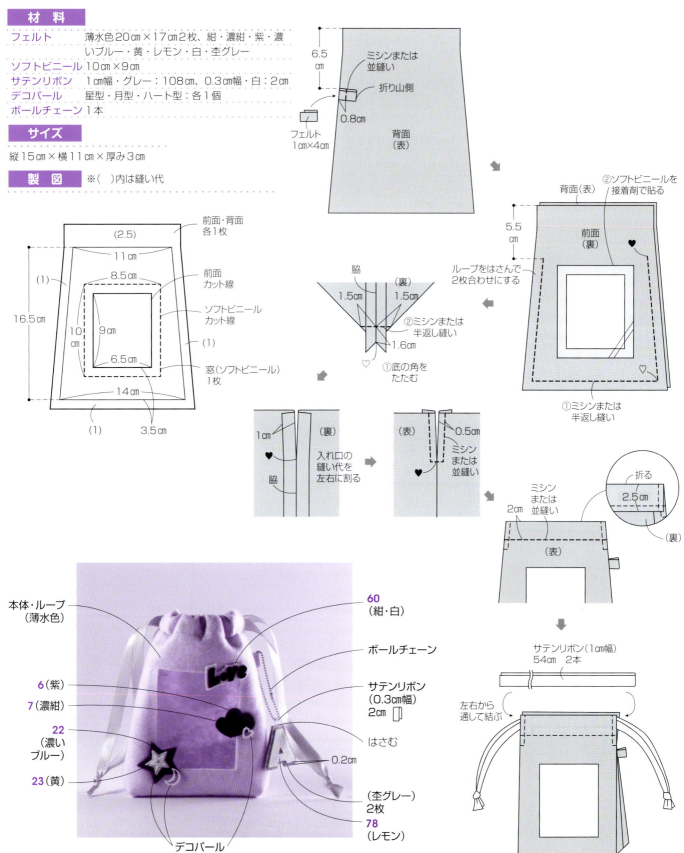

45 PHOTO P.38 四角いバッグ

材料

フェルト	濃紺20cm×15cm 3枚、濃いオレンジ・杢グレー・濃いグレー・白
布	木綿地：29cm×15cm
熱接着両面シート	29cm×15cm
ソフトビニール	13cm×11cm
25番刺しゅう糸	濃紺
杉綾テープ	2cm幅・濃紺：64cm
サテンリボン	0.3cm幅・グレー：2cm
ラインストーンシール 2個	ボールチェーン 1本

サイズ

縦14cm×横15cm×厚さ4.5cm

製図

前面：フェルト 2枚
背面：フェルト・布 各1枚
14cm × 15cm
2.5cm
前面カット線

側面 フェルト・布 各2枚
14cm × 4.5cm

底面 フェルト・布 各1枚
4.5cm × 15cm

実物大の図案

窓（ソフトビニール）1枚
ソフトビニールカット線
前面内側カット線
前面外側カット線
わ

②ソフトビニールの裏側に接着剤をつけ、前面内側を貼る
0.2cm 前面内側
④ランニングS（2本どり）
0.2cm
背面
前面外側
①内側にソフトビニールを接着剤で貼る

④ランニングS（2本どり）
0.2cm
底面
側面

フェルト
熱接着両面シート
布

③背面・底面・側面の裏に熱接着両面シートで布を貼る

ミシンまたは並縫い
杉綾テープ 32cm
2cm　7cm
0.2cm
1cm
前面
※背面も同様に持ち手をつける

②側面を巻きかがり
①底を巻きかがり

ステッチ：濃紺
本体（濃紺）
ボールチェーン
サテンリボン 2cm
はさむ
0.2cm
（杢グレー）2枚
65（濃いオレンジ・白・濃紺・濃いグレー）
ラインストーンシール

※紫の番号はデコパーツの図案（P.75〜79）番号です。

46 PHOTO P.39 筒形ショルダー

材料

フェルト	赤17cm×17cm2枚、濃紺・杢グレー・濃いブルー・薄水色
ソフトビニール	26cm×11cm
厚紙	16cm×8cm
杉綾テープ	2cm幅・赤：114cm
サテンリボン	0.3cm幅・紺：2cm
ラインストーン	直径0.4cm：1個、直径0.3cm：3個
ラインストーンテープ	6cm
ファスナー	20cm：1本
Dカン	内径1.2cm：2個
ナスカン	内径1cmDカン付き：2個
ボールチェーン	1本

サイズ

直径8cm×高さ13.5cm

製図

※天面・底面の型紙はP.74　※( )内は縫い代

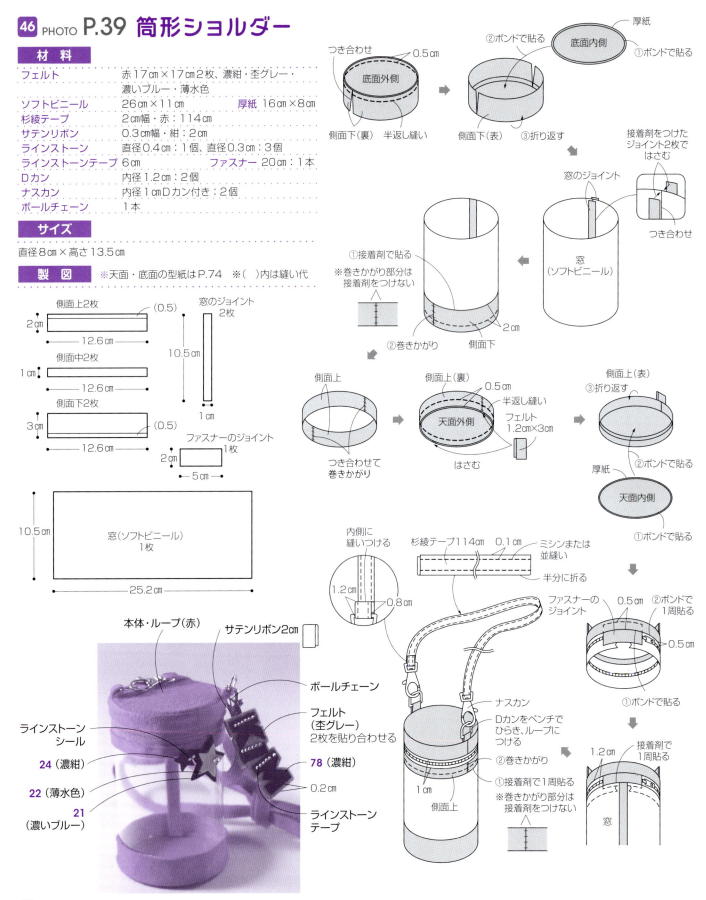

47 PHOTO P.40 リボンフリルのホルダー

材料
- フェルト　　　　濃いピンク19cm×19cm 2枚、杢グレー・ピンク・薄水色
- ソフトビニール　9cm×8cm
- 25番刺しゅう糸　濃いピンク・ゴールド
- プリーツリボン　1.5cm幅・ピンク：32cm
- ラインストーンシール　2個
- スナップボタン　直径0.8cm：1組
- Dカン　　　　　内径1cm：1個
- ストラップ金具　1個

サイズ
縦13cm×横9cm×厚さ1cm

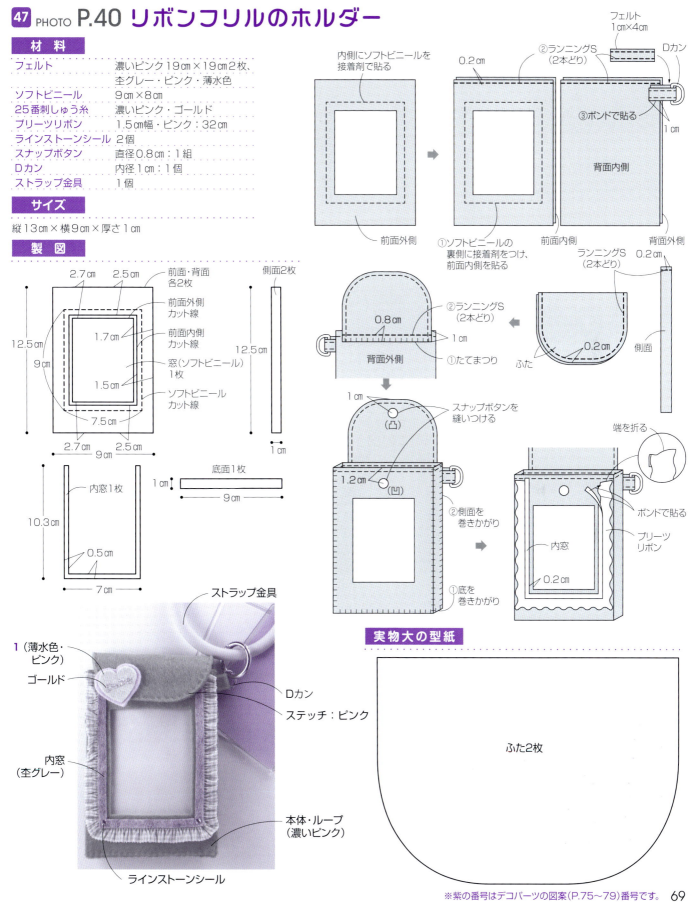

※紫の番号はデコパーツの図案(P.75〜79)番号です。

48 PHOTO P.41 ハート窓のホルダー

材料

フェルト	薄ブルー 20cm×17cm2枚、エメラルドグリーン・薄水色・杢グレー・薄青
ソフトビニール	9cm×7cm
25番刺しゅう糸	薄ブルー
チェック柄リボン	5cm幅・水色：23cm
杉綾テープ	2cm幅・薄ブルー：28cm
ラインストーンシール	直径0.4cm：3個・直径0.3cm：8個
スナップボタン	直径0.8cm：1組
Dカン	内径1cm：2個
ナスカン	内径1cmDカン付き：1個
キーホルダー金具	1個

サイズ

縦9cm×横10.8cm×厚さ1.5cm

製図　※ふたの型紙はP.74

49 PHOTO P.42 フリルレースのアクスタケース

材料
フェルト	レモン14㎝×13㎝2枚
チェック柄リボン	1.5㎝幅・黄：19㎝
プリーツリボン	2㎝幅・薄黄：30㎝
グログランリボン	1㎝幅・薄黄：34㎝
デコパール	ハート型：3個
面ファスナー	0.6㎝×6㎝
Dカン	内径1㎝：2個
ボールチェーン	1本

サイズ
縦11㎝×横7㎝（飾り除く）

製図

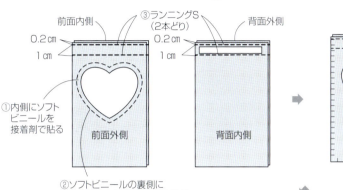

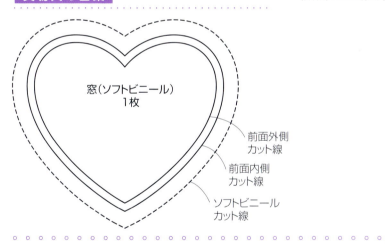

実物大の図案

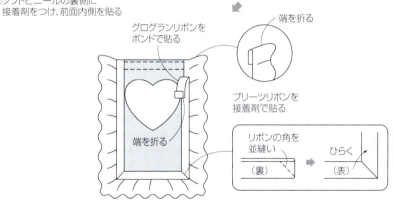

40 41 42 実物大の図案

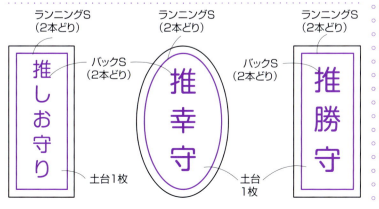

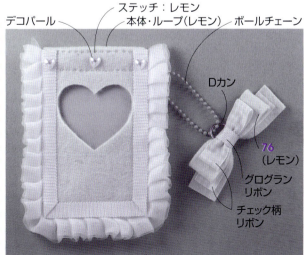

※紫の番号はデコパーツの図案（P.75〜79）番号です。

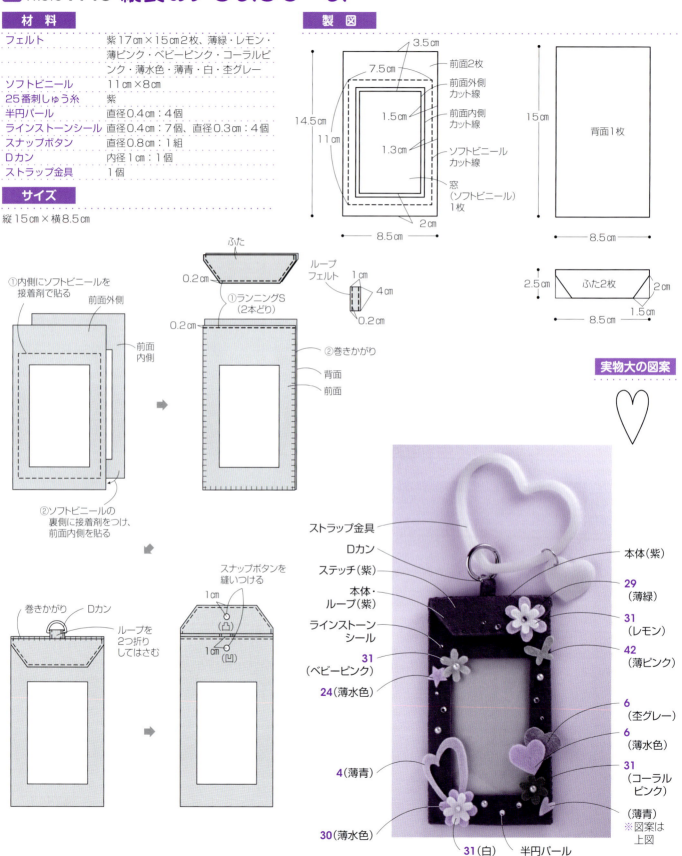

51 PHOTO P.44 クマのコースターケース

材料

フェルト	薄茶20cm×20cm2枚、黄・こげ茶
布	木綿地：11cm×11cm
ソフトビニール	9cm×9cm　熱接着両面シート 21cm×14cm
チェック柄リボン	1.5cm幅・黒：23cm
グログランリボン	1cm幅・茶：29cm
ラインストーンシール	ハート型：2個
面ファスナー	0.7cm×1.5cm
Dカン	内径1cm：2個
ナスカン	内径1cmDカン付き：1個
ボールチェーン	1本

サイズ

※図案・型紙はP.74

直径10.5cm

52 PHOTO P.45 花のコースターケース

材料

フェルト	薄水色20cm×20cm2枚、白・明るいピンク・薄青・杢グレー・薄黄・ベビーピンク
布	木綿地：11cm×11cm
ソフトビニール	9cm×9cm　熱接着両面シート 21cm×14cm
サテンリボン	0.3cm幅・ブルー：12cm
ラインストーンシール	直径0.5cm：3個、直径0.3cm：4個
面ファスナー	0.7cm×1.5cm
Dカン	内径1cm：1個
丸カン	直径0.6cm：1個
ストラップ金具	1個

サイズ

※型紙はP.74

直径10.5cm

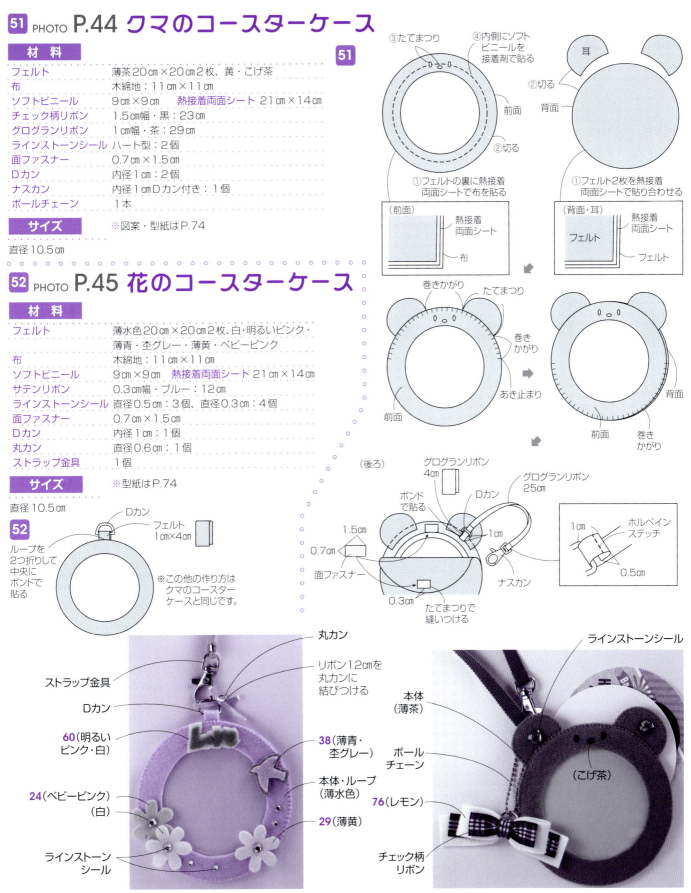

※紫の番号はデコパーツの図案（P.75〜79）番号です。

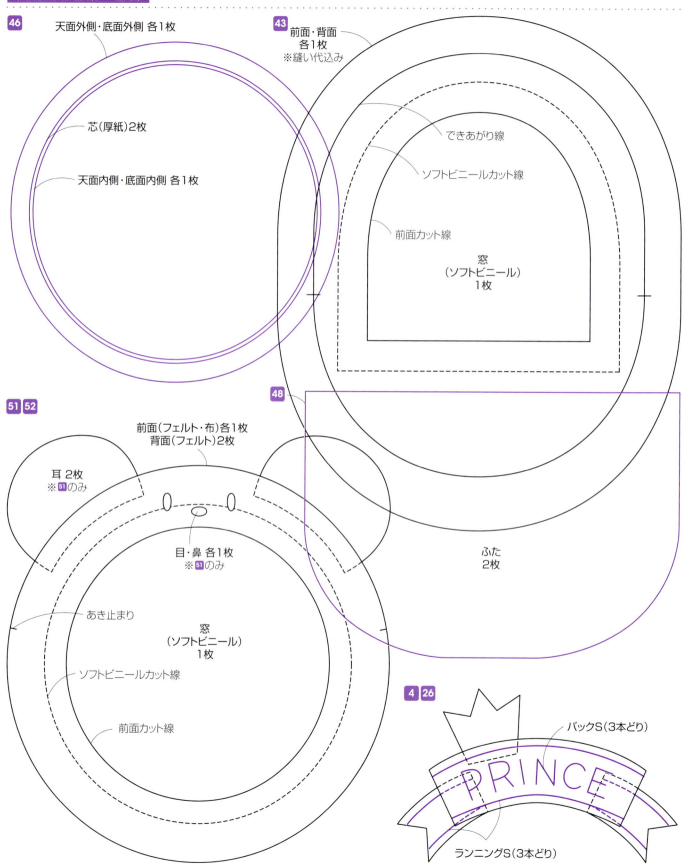

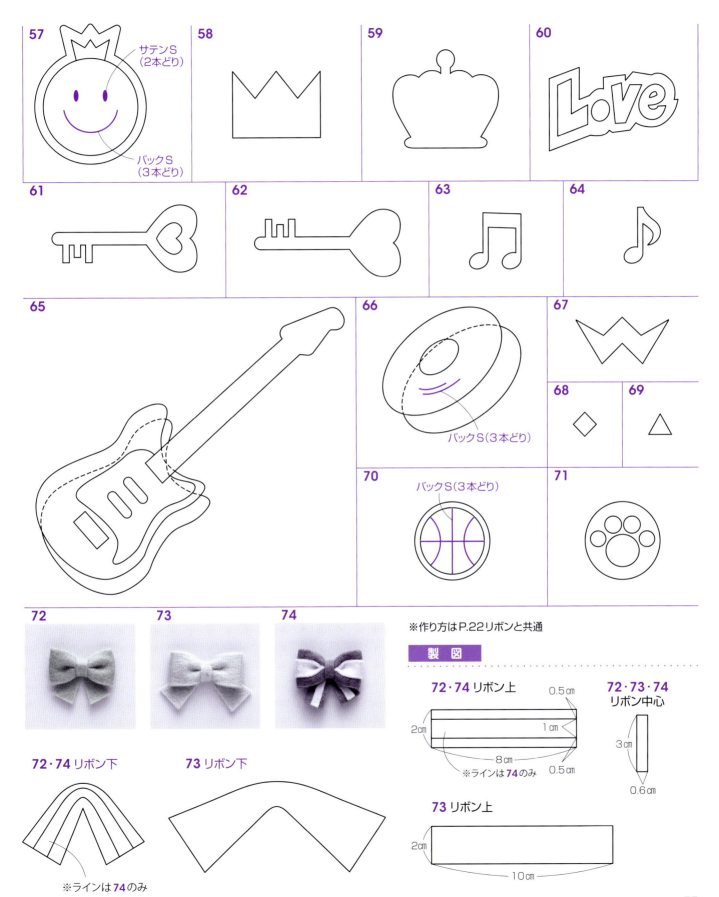

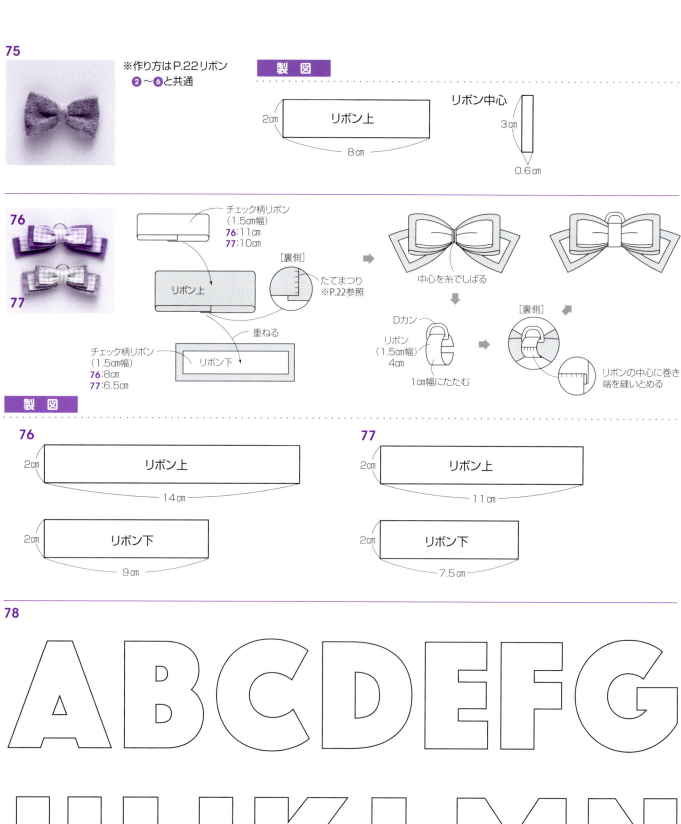

OPQRSTU
VWXYZ

この本で使われているステッチと縫い方
※作り方ページのSはステッチの略です。

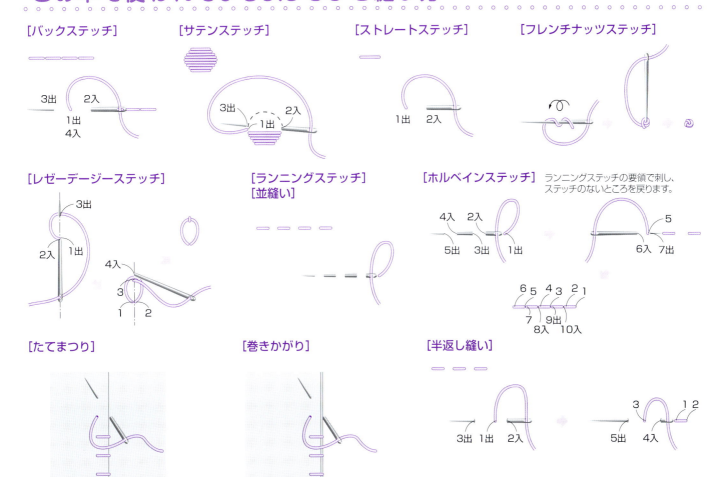

著者プロフィール
寺西 恵里子（てらにし えりこ）

（株）サンリオに勤務し、子ども向けの商品の企画デザインを担当。退社後も "HAPPINESS FOR KIDS" をテーマに手芸、料理、工作を中心に手作りのある生活を幅広くプロデュース。その創作活動の場は、実用書、女性誌、子ども雑誌、テレビと多方面に広がり、手作りを提案する著作物は 700 冊を超える。

HP　　https://teranishi-eriko.co.jp
インスタグラム：eriko_teranishi
YouTube　https://www.youtube.com/@ErikoTeranishi

スタッフ

撮影 ● 成清 徹也（口絵）　渡邊 岐生（プロセス）
ブックデザイン ● NEXUS DESIGN
作品制作 ● 池田 直子　森 留美子　高木 敦子　やべ りえ
作り方まとめ ● 千枝 亜紀子
トレース ● うすい としお　YU-KI　岩瀬 映瑠
校閲 ● 大島 ちとせ
企画・編集 ● ピンクパールプランニング
　　　　　　　E&G クリエイツ（築茂 綾乃）

この本に関するお問い合わせは、E＆Gクリエイツまでお願いします。
TEL 0422-55-5460　受付 13:00〜17:00（土日、祝日はお休みです）
ご質問はメールでも受付します。　eg@eandgcreates.com
・アップルミンツ（E＆Gクリエイツ）HP　http://eandgcreates.com

アップルミンツの公式 SNS アカウントはこちら
X（旧ツイッター）：@applemints_
インスタグラム：applemints_

[用具提供]
この本の作品はクロバー株式会社の用具を使用して制作しています。用具に関するお問い合わせは下記へお願いします。

クロバー株式会社
TEL　06-6978-2277（お客様係）
〒537-0025 大阪市東成区中道 3-15-5
https://clover.co.jp

[フェルト提供]
印刷物のため、フェルトの色は表示の色番号と異なることがあります。

サンフェルト株式会社
TEL　03-3842-5562（代）
〒111-0042 東京都台東区寿 2-1-4
http://www.sunfelt.co.jp

フェルトでつくる
推し活GOODS

発行日 ● 2025 年 3 月 27 日
著者 ● 寺西 恵里子
発行人 ● 萩原 喬司
発行 ● アップルミンツ（E&G クリエイツ）
　　　〒180-0013　東京都武蔵野市西久保 1-1-9　T's Loft 4F
　　　TEL 0422-55-5460
発売 ● 株式会社 日本ヴォーグ社
　　　〒164-8705　東京都中野区弥生町 5-6-11
　　　出版受注センター
　　　TEL 03-3383-0650　FAX 03-3383-0680
印刷 ● 株式会社 東京印書館

© Eriko Teranishi 2025
© applemints 2025
Printed in Japan
ISBN978-4-529-07263-2

定価はカバーに表示してあります。乱丁、落丁本はお取り替えいたします。
この本に掲載された作品の、ご家庭で楽しむ以外の商用目的の複製を禁じます。いかなる場合も店頭やネットショップ、バザーなどで販売することを禁じます。
この本の複製、転載（電子化を含む）および部分的にコピー、スキャンすることを禁じます。